SÉMÉLÉ,

TRAGEDIE

REPRÉSENTÉE POUR LA PREMIERE FOIS

PAR L'ACADEMIE ROYALE

DE MUSIQUE,

Le Mardy neuviéme jour d'Avril mil sept cent neuf.

A PARIS,

Chez CHRISTOPHE BALLARD, seul Imprimeur du Roy
pour la Musique, ruë S. Jean de Beauvais, au Mont-Parnasse.

M. DCCIX.

Avec Privilege de Sa Majesté.

LE PRIX EST DE TRENTE SOLS.

PERSONNAGES

DU PROLOGUE.

LE GRAND PRESTRE.   Mr Hardoüin.

LA PRESTRESSE.   Mademoiselle Dun.

APOLLON.   Monſieur Beaufort.

Noms des Actrices & Acteurs, chantants dans les Chœurs
du Prologue, & de la Tragedie.

MESDEMOISELLES

Daulin.	Boizé C.	Baſſet.	Dumeſnil.
De Boiſé.	Aubert.	d'Huqueville.	Du Vauroſe.
Guillet.	Laurent.	De la Roche.	

MESSIEURS

Le Jeune.	Paris.	Verny.
Lebel.	Thomas.	Alexandre.
Beaufort.	Buſeau.	Deſmarts.
Cadot.	Courteil.	Renard.
Crêté.	Perere.	Solé.
Bertrand.	Corbie.	Desjardins.
Mantienne.	Deſſouches.	

DIVERTISSEMENT
du Prologue.

ÆGYPANS.

Monfieur Balon, & Mademoifelle Provoft.

Meffieurs F-Dumoulin, P-Dumoulin, Dangeville-C., Pecourt, Marcelle-L, & Javilliers.

BACHANTES.

Mademoifelle Guyot,
Mefdemoifelles Milot, Lacroix, Lemaire, Menés, Dufrênne, & Mangot.

On vend le Recueil général des Paroles des Opera, en huit Volumes indouze, ornez de Planches, 16. liv.

PROLOGUE

PROLOGUE.

LES BACCHANALES.

Le Théatre repréfente dans le fonds un Sacrifice à B A C C H U S ; Et fur le devant des Berceaux, où des Silvains , des Ægypans & des Bachantes font placez , un Vafe & une Coupe à la main ; Au deffus, entre les feüillages, paroiffent des Satyres joüant du Haut-Bois.

C H OE U R.

Ccourons ; pour un Dieu nouveau,
Inventons des Fêtes nouvelles ;
Signalons un jour fi beau,
Par nos chanfons les plus belles.

Marche des Ægypans & de Bachantes, conduits par un PRESTRE & une PRESTRESSE de BACCHUS.

é

LE PRESTRE, & LA PRESTRESSE.

Le fils du Maître du Tonnere,
Bacchus s'éleve au rang des Dieux,
Il fût le bonheur de la terre,
Il sera la gloire des Cieux.

CHOEUR.

Le fils du Maître du Tonnerre,
Bacchus s'éleve au rang des Dieux:
Il fût le bonheur de la terre,
Il sera la gloire des Cieux.

Le PRESTRE & la PRESTRESSE, accompagnez
par la Trompette & par la Flutte.

LE PRESTRE.

Chantons ses glorieux exploits.

LA PRESTRESSE.

Chantons sa jeunesse & ses charmes.

LE PRESTRE.

Il mit l'Orient sous ses loix.

LA PRESTRESSE.

D'Ariane trahie, il essuya les larmes.
Qu'il charme,

LE PRESTRE.

Qu'il triomphe,

ENSEMBLE.

Et qu'il goûte à la fois
La douceur des plaisirs, & la gloire des Armes.

Danse des MENADES.

LA PRESTRESSE.

Goûtons icy les plus doux charmes,
Amour, raſſemble tes attraits,
Vole , n'apporte point tes armes
Ce nectar tient lieu de tes traits.

Bacchus deffend à la triſteſſe
De repandre icy ſon poiſon ;
Regne , & que ta charmante yvreſſe
Nous ayde à bannir la raiſon.

Goûtons icy les plus doux charmes,
Amour, raſſemble tes attrais ,
Vole , n'apporte point tes armes
Ce nectar tient lieu de tes traits.

Danſe des MENADES.

LE PRESTRE.

O Ciel ! quel eſt l'effet de ce nectar charmant?
Que vois-je ! où ſuis-je ! je m'égare.
Bacchus de mes eſprits s'empare ,
Je luy reſiſte vainement.
Partagez, mes tranſports, Bacchus vous le commande;
C'eſt l'honneur qu'il veut qu'on luy rende.

CHOEUR.

Courons les bois & les campagnes ,
Rempliſſons les airs de nos cris ;
Du nom du Dieu qui trouble nos eſprits,
Faiſons retentir les montagnes.

Danſe des ÆGYPANS & des BACHANTES en fureur,
aprés laquelle on entend une Symphonie tendre.

PROLOGUE.

LA PRESTRESSE.

Quel bruit nouveau se fait entendre ?
Ces aimables concerts, ces sons harmonieux
    Rameinent le calme en ces lieux ;
    C'est Apollon qui va descendre.

APOLLON.

J'aime à voir pour Bacchus éclater vôtre amour.
C'est peu qu'au même sang nous devions la naissance,
Il me fait des Sujets, il étend ma puissance,
Il anime les Arts qui composent ma Cour ;
    Et je veux par reconnoissance,
Redoubler à vos yeux la pompe de ce jour.

    Muses, marquez-luy vôtre zele ;
Consacrez à sa gloire une feste nouvelle,
    Retracez-nous dans ce séjour
Le grand évenement qui luy donna le jour.

CHOEUR.

    Le fils du Maître du Tonnerre,
    Bacchus s'éleve au rang des Dieux:
    Il fût le bonheur de la terre,
    Il sera la gloire des Cieux.

FIN DU PROLOGUE.

ACTEURS

DE LA TRAGEDIE.

CADMUS, *Roy de Thebes*. Monsieur Hardoüin.
SEMELE′, *fille de Cadmus*.   Mad^{elle.} Journet.

JUPITER, *sous le nom d*′IDAS.   Mr. Thévenard.

ADRASTE, *Prince Thebain*.   Monsieur Cochereau.

JUNON.   Mademoiselle Dujardin.

DORINE, *Confidente de Semelé*. Mademoiselle Poussin.

MERCURE, *sous le nom d*′ARBATE.   Mr Dun.

UNE BERGERE.   Mademoiselle Aubert.

DEUX BERGERES.   Mesdemoiselles Daulin,
                                                  & Boisé.

Chœurs de Guerriers.

Chœurs de Dieux des Forêts.

Chœurs de Déesses des Eaux.

Chœurs de Demons.

ACTEURS.

Chœurs de Bergers.

Chœurs de Bergeres.

Chœurs de Thebains.

Chœurs de Thebaines.

La Scene est à Thebes.

DIVERTISSEMENTS
de la Tragedie.

PRÉMIER ACTE.
GUERRIERS.

Monfieur D. Dumoulin,
Meffieurs Germain, Dumoulin-L., Marcelle, Javillier,
Gaudro, & Marcelle-C.

SECOND ACTE.
PEUPLES.

Monfieur Balon,
Meffieurs Germain, Dumoulin - L., F - Dumoulin,
P-Dumoulin, D- Dumoulin, & Dangeville-L.

Mefdemoifelles Prevoft, Guyot, Chaillou, Milot,
Menés, & Lemaire.

TROISIÉME ACTE.
DEMONS.

Monfieur Blondy,
Meffieurs Germain, Dumoulin - L., Dangeville - L.,
Dangeville-C., Marcelle-L., Javillier, Gaudro,
Pecourt, & Dubreüille.

QUATRIÉME ACTE.

BERGERS.
Meſſieurs Dangeville-L., Pecourt, & François.
BERGERES.
Mademoiſelle Prevoſt,
Meſdemoiſelles Douville, Menés, & Caré.

PASTRES.
Meſſieurs Dangeville-C., Pieret, & Dubreüil.

PASTOURELLES.
Meſdemoiſelles Lemaire, Dufrênne, & Mangot.

UN BERGER.	Monſieur D-Dumoulin.
UNE BERGERE.	Mademoiſelle Guyot.
UN BAILLY.	Monſieur Ferand.
LA BAILLIVE.	Mademoiſelle Chaillou.
UN PROCUREUR FISCALLE.	Mr Marcelle-L.
SA FEMME.	Mademoiſelle Lacroix.
PAYSAN.	Monſieur F-Dumoulin.

CINQUIÉME ACTE.
THEBAINS.
Monſieur Dangeville-L.
Meſſieurs Germain, Dumoulin-L., Ferand, Blondy,
Marcelle-L., & Javillier.
THEBAINES.
Meſdemoiſelles Prevoſt, & Guyot.
Meſdemoiſelles Chaillou, Milot, Menés, Lemaire,
Mangot & Douville.

SEMELE',

SEMELE,

TRAGEDIE.

ACTE PREMIER.

Le Théatre repréfente le Temple de JUPITER.

SCENE PREMIERE.

CADMUS, SEMELE', DORINE.

CADMUS.

A fille, la Victoire a nommé vôtre Epoux.
  Adrafte a foumis les Rebelles,
Il revient couronné de palmes immortelles,
Et digne enfin de l'Empire, & de vous.

 Dans ce Temple, au Maître du monde
Il va bien-tôt offrir les armes des Mutins ;
Il faut à fes defirs que vôtre cœur reponde,
Et m'acquitte envers luy de nos heureux deftins.

  Certain de vôtre obéiffance,
Pour vous à Jupiter je vais offrir mes vœux ;
  Le Ciel doit proteger des nœuds,
Formez par la victoire & la reconnoiffance.

   CADMUS *entre dans le Temple.*

A

SCENE DEUXIÉME.

SEMELE', DORINE.

SEMELE'.

QUe vais-je devenir! ah! ma chere Dorine,
Du fort de Semelé conçois-tu la rigueur?
Tu vois l'Epoux qu'on me deftine,
Et tu connois l'Amant que s'eft choifi mon cœur.

DORINE.

Vous ne vous rendrez point à cette loy barbare?

SEMELE'.

C'en eft fait cher Idas; le Devoir nous fepare.

DORINE.

Vôtre cœur jufques-là pourroit-il fe trahir?

SEMELE'.

Je fens que j'en mourray; mais il faut obeïr.

DORINE.

Non, non, c'eft trop d'obeïffance,
Malgré le fier Devoir, nôtre cœur a fes droits;
Quand ce Tiran nous fait de trop feveres loix,
L'Amour nous en difpenfe.

SEMELE'.

Tu gémis vainement ; fuy, trop indigne Amour,
N'usurpe plus un cœur qui n'est dû qu'à la Gloire.
Ay-je donc perdu la memoire
De cet auguste sang dont j'ay reçû le jour ?
Ce n'est plus sur mon sort, l'Amour que j'en veux croire,
Que ma fierté regne à son tour,
Recevons un Epoux des mains de la Victoire.
Tu gémis vainement ; fuy, trop indigne Amour,
N'usurpe plus un cœur qui n'est dû qu'à la Gloire.

DORINE.

Idas a pour vous plaire oublié ses Etats ;
Inconnu dans ces lieux, il vous y suit sans cesse,
Rien n'est égal à l'amour qui le presse.

SEMELE'.

Croi-tu donc que le mien ne le surpasse pas ?

DORINE.

Quoy vous croyez surpasser sa tendresse ?
Et vous allez luy donner le trepas.
Quelle preuve d'amour !

SEMELE'.

O trop aimable Idas !
O trop malheureuse Princesse !

DORINE.

Vous pouvez changer vôtre sort ;
Pourquoy voulez-vous suivre une loy rigoureuse ?
Ah ! s'il faut vous faire un effort,
Faites-le pour vous rendre heureuse.

SEMELE',

Allez à vôtre Pere avoüer vôtre choix.

SEMELE'.

Je mourrois plûtôt mille fois.

Que vous causez un trouble extrême,
Amour, charmant Amour, Devoir trop rigoureux !
Helas ! qu'un cœur est malheureux,
Quand vous l'armez contre luy-même !

ENSEMBLE.

Que vous causez un trouble extrême,
Amour, charmant Amour, Devoir trop rigoureux !
Helas ! qu'un cœur est malheureux,
Quand vous l'armez contre luy-même !

On entend un bruit de Trompettes.

DORINE.

Ce bruit annonce Adraste, il s'avance en ces lieux
Fuyez, évitez sa presence.

SEMELE'.

Non, non il faut se faire un effort glorieux,
Et payer à la fois sa gloire & sa constance.

SCENE TROISIÉME.

ADRASTE, Troupe de Guerriers portant les
depoüilles des Rebelles, SEMELE', DORINE.

ADRASTE.

VOus voyez les Mutins captifs, humiliez ;
    Dans mes exploits connoiffez vôtre ouvrage,
Princeffe, c'eft à vous qui me les ordonniez
    Que j'en rends le premier hommage.
Le Roy flatte mes vœux du bonheur le plus doux ;
Mais il confent envain que l'Himen nous uniffe,
Ce bien, tout grand qu'il eft, deviendroit mon fupplice,
    Si je ne le tenois de vous.

SEMELE'.

à part.

Prince, vous fçavez trop. . :. O Ciel! que vais-je faire!

ADRASTE.

Parlez belle Princeffe, impofez-moy vos loix.

SEMELE'.

Prince, vous fçavez trop que la gloire m'eft chere ;
    Elle décide de mon choix,
    Et je me rends à vos exploits
    Autant qu'à l'ordre de mon pere.

ADRASTE.

O fort charmant ! trop heureux jour !
Je joüis d'un bonheur qu'à peine j'ose croire.
Je dois ma gloire à mon amour ;
Et l'Objet que j'adore est le prix de ma gloire.

Que mon triomphe est glorieux ;
Chantez, rendez-en grace au Souverain des Dieux.

LE CHOEUR.

Que ce triomphe est glorieux,
Chantons, rendons-en grace au Souverain des Dieux.

CADMUS fortant du Temple avec les PRESTRES.

Tout tremble, Dieu puissant, sous ton pouvoir suprême,
Les Rois en fremissant reconnoissent ta loy ;
Un seul de tes regards remplit le Ciel d'effroy
Et tout le pouvoir des Dieux même
N'est que foiblesse devant toy.

Icy l'on danse.

ADRASTE.

Maître des Heros & des Rois
C'est à ta faveur que je dois
L'éclat de ma gloire nouvelle.

Souvent la Victoire rebelle
Se refuse aux plus grands exploits,
Envain le courage l'appelle,
Elle vole à ton ordre & ne suit que tes loix.

CADMUS.

Uniſſez vos cœurs & vos voix,
Rempliſſez de vos chants le Ciel, la Terre & l'Onde;
Que tout en retentiſſe & que tout nous reponde,
Que toute la nature applaudiſſe à la fois
A l'auguſte Maître du monde.

LE CHOEUR.

Uniſſons nos cœurs & nos voix,
Rempliſſons de nos chants le Ciel, la Terre & l'Onde;
Que tout en retentiſſe & que tous nous reponde,
Que toute la nature applaudiſſe à la fois
A l'auguſte Maître du monde.

ADRASTE.

Allons, pour meriter des victoires nouvelles,
Offrons à Jupiter les armes des Rebelles.

Le Temple ſe ferme & des FURIES viennent enlever
les Trophées.

Mais le Temple ſe ferme, O Cieux!

CADMUS & LE CHOEUR.

Sous nos pas s'ébranle la terre,
L'Enfer eſt déchaîné! quels éclats de tonnerre;
Fuyons, fuyons la colere des Dieux.

SCENE QUATRIÉME.
ADRASTE, SEMELE'.

ADRASTE.

MEs premiers vœux, & mon premier hommage
Dans ces lieux ont été pour vous,
Et sans doute c'est-là l'outrage
Dont se vange le Ciel jaloux ;
Je le fléchiray par mon zele ;
Mais si vôtre cœur m'est fidelle ;
Je suis incapable d'effroy.

SEMELE'.

Fléchissez Jupiter, & j'obeïs au Roy.

FIN DU PREMIER ACTE.

ACTE II.

ACTE SECOND.

Le Théatre repréfente un Bois, coupé de Rochers.

SCENE PREMIERE.

MERCURE fous le nom d'ARBATE, DORINE.

MERCURE.

LA Princeffe abandonne Idas !
Dorine, eft-il bien vray? je n'ofe encor le croire.

DORINE.

Arbate, il eft trop vray, l'Amour ny confent pas.
Mais fon cœur l'immole à la Gloire.

MERCURE.

Tu me fais trembler pour mes feux ;
Ton cœur fera-t'il plus fidelle ?
Que je crains qu'en de nouveaux nœuds
La Gloire à ton tour ne t'appelle !

B

SEMELE',

DORINE.

La Gloire peut regner au cœur d'une Princeſſe,
Pour le plus grand heros il doit garder ſa foy.
Mais le mien a plus de foibleſſe,
Et l'Amant le plus tendre, eſt le heros pour moy.

MERCURE.

Si l'Amant le plus tendre a ſeul droit de te plaire,
Il n'eſt point de Rival qui doive m'allarmer;
Mon amour eſt ma ſeule affaire,
Et mon unique gloire eſt de me faire aimer.

DORINE.

C'eſt une aſſez belle victoire
Que de m'avoir reduitte à t'aimer à mon tour.
Ce que ton cœur donneroit à la Gloire,
Seroit autant de perdu pour l'Amour.

MERCURE & DORINE.

Faiſons nôtre bonheur ſuprême
Des plaiſirs qu'on goûte en aimant.
Le triomphe le plus charmant,
C'eſt de regner ſur ce qu'on aime.

MERCURE.

La Princeſſe en ces lieux s'avance avec Idas;
Eloignons nous & ne les troublons pas.

SCENE DEUXIÉME.

SEMELE', JUPITER fous le nom d'IDAS,
MERCURE, DORINE.

JUPITER.

QUoy ! vous pouvez brifer, Cruelle,
Le lien le plus doux que l'Amour ait formé?
Adrafte me ravit votre cœur infidelle !

SEMELE'.

Ingrat, le croyez-vous aimé ?

JUPITER.

Oüy, je le crois, Barbare; en vain vous voulez feindre,
Vous vous plaifez à caufer mon trepas.

SEMELE'.

Accufez le Deftin, plaignez-vous cher Idas ;
Mais croyez-moy la plus à plaindre.

Malgré moy je brife mes fers,
Je fens en vous voyant à quels maux je me livre ;
Mais pour me confoler du bonheur que je perds,
J'ay l'efpoir de n'y pas furvivre.

JUPITER.

Vous foupirez, vous repandez des pleurs !
Vous me trompez encor par ces perfides larmes.

SEMELE'.

Non, jamais vôtre amour n'eut pour moy tant de charmes

JUPITER.

Et cependant, c'eft par vous que je meurs.

B ij

SEMELÉ,

SEMELÉ.

Que vous ébranlez ma constance !
Ah ! je devois toûjours éviter de vous voir.
Laissez-moy fuir... vôtre presence
Me feroit repentir d'avoir fait mon devoir.

JUPITER.

Demeurez ? pourquoy suivre un devoir trop barbare ?
Le Ciel vous fait une autre loy.
Il vient de condamner un nœud qui nous separe,
Et je n'ay que vous contre moy.

SEMELÉ.

Que moy ! Cruel ! quelle injustice !
Non, de nôtre bonheur les Dieux seuls sont jaloux;
Adraste en ce moment leur offre un Sacrifice.
Peut-être a t'il déja desarmé leur courroux.

JUPITER.

Vous aimez du moins à le croire ?

SEMELÉ.

Helas ! pourquoy dois-je à la Gloire
Un cœur que l'Amour fit pour vous.

JUPITER.

C'en est donc fait, malgré la douleur qui me presse,
Vous me condamnez à la mort.

SEMELÉ.

Malgré mon desespoir, je tiendray ma promesse ;
Heureuse, si je meurs de ce cruel effort !

Ceſſez de m'attendrir, je ne veux rien entendre,
Adieu cher Prince . . . .

JUPITER.

Ingrate, il faut ſe declarer ;
J'y vais perdre un plaiſir bien cher pour un cœur tendre,
Et le plus grand bonheur où je puſſe aſpirer ;
Je me flattois d'être aimé pour moy-même ;
Sous le faux nom d'Idas,
Je vous cachois mon rang ſuprême ;
Mais puiſque ſous ce nom je ne vous ſuffis pas,
Connoiſſez Jupiter charmé de vos appas.

SEMELE'.

Vous, Jupiter ?

JUPITER.

Oüy, c'eſt luy qui vous aime.
Cruelle, en eſt-ce aſſez pour vôtre gloire ?

SEMELE'.

Helas.

JUPITER.

Suivez le tranſport qui vous preſſe,
Allez, allez choiſir Adraſte dés ce jour.

SEMELE'.

Ah ! loin de me troubler, raſſûrez ma foibleſſe ;
La frayeur un moment a ſuſpendu l'amour.

Ciel ! qùel est l'heureux sort dont ma crainte est suivie!
    Vous avez vû le trouble de mon cœur ;
Pourquoy differiez-vous de me sauver la vie,
    En accordant ma gloire & mon ardeur?

JUPITER.

    Joüissez de vôtre conqueste.
Que ces lieux à ma voix, brillent de mille attraits,
    Et que la plus aimable feste
Y rassemble les Dieux des Eaux & des Forests.

Le Théatre change & représente un Palais orné
de Cascades.

SCENE TROISIÉME.

JUPITER, SEMELE', Troupe de FAUNES,
Troupes de NIMPHES, & de NAYADES.

JUPITER.

ACcourez, venez rendre hommage
A l'Objet qui comble mes vœux.
Par vos chants les plus amoureux,
Redoublez, s'il se peut le transport qui m'engage;
Ce n'est qu'en l'aimant d'avantage,
Que je puis être plus heureux.

LE CHŒUR.

Secondez-nous, Oyseaux de ces Boccages;
Joignez à nos Concerts la douceur de vos sons :
L'Amour anime vos ramages;
Qu'il anime aussi nos Chansons.

On danse.

SCENE QUATRIÉME.

ADRASTE, JUPITER, SEMELE'.

ADRASTE.

Quel spectacle vient me surprendre ?
Quels Chants ! quels Jeux ! Ingrate, ah! vous me
trahissez ?

SEMELE'.

Prince, un moment daignez m'entendre.

Je vous sacrifiois la flamme la plus tendre,
Vous alliez voir vos vœux recompensez,
Contre tout mon amour j'aurois sçû vous deffendre,
Je vous l'avois promis, & c'en étoit assez.
Mais un Dieu m'aime, un Dieu dégage ma pro-
messe,
Respectez son amour ; c'est à vous de céder.

ADRASTE.

Un Dieu! le croyez-vous ? quelle indigne foiblesse ;
Par cette vaine erreur croit-on m'intimider?

JUPITER.

JUPITER.

Temeraire Mortel, crain que ton cœur n'éprouve
Le pouvoir que tu veux braver.

ADRASTE.

Eh bien, si c'est un Dieu, que mon trepas le prouve ;
Mais s'il n'est qu'un Mortel, sa mort va le prouver.

Il veut attaquer JUPITER.

SEMELE', l'arrestant.

à JUPITER.

Ah ! Barbare, arrestez . . . . . . j'oubliois qui vous êtes.

Un Nuage s'éleve au devant d'ADRASTE, & luy cache toute la Scene.

C

SCENE CINQUIÉME.

ADRASTE.

Ciel ! tout disparoît à mes yeux !
Un nüage soudain a couvert ces retraites,
Mon transport impuissant en est plus furieux.

Acheve Dieu cruel, vien me reduire en poudre,
    Puni mon affreux désespoir ;
    Force-moy par un coup de foudre,
    A reconnoître ton pouvoir.

FIN DU SECOND ACTE.

ACTE TROISIÉME.

Le Théatre repréfente les Jardins de CADMUS.

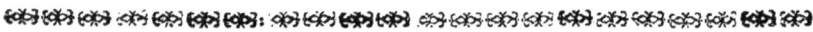

SCENE PRÉMIERE.

ADRASTE.

NOn, je ne doute plus du malheur de mes feux ;
Le jaloux Jupiter eft le Dieu qui m'outrage ;
C'eft luy qui dans le Temple a rejetté mes vœux;
C'eft luy qui m'a couvert de ce nüage affreux,
    Dont il infultoit à ma rage.

Defcend fiere Junon ; que fais-tu dans les Cieux ?
Livres-tu ton Epoux à l'Ingratte qu'il aime ?
Hâte-toy ; contre luy, fouleve tous les Dieux ,
    Vien me vanger ; vien te vanger toy-même.

Que le Depit vangeur , que la Haine cruelle ,
    De leurs traits arment ton courroux,
    Raffemble contre un Infidelle ,
    Tout ce que peut l'amour jaloux.

JUNON defcend.   C ij

S C E N E D E U X I É M E.

JUNON, ADRASTE.

JUNON.

NE doute point de ta vangeance;
C'eſt à moy de briſer de funeſtes liens,
Je ne te flatte point d'une vaine eſperance,
Ce jour verra vanger tes tourmens & les miens.

ENSEMBLE.

Que le depit vangeur, que la haine cruelle

De leurs traits arment $\left\{ \begin{array}{c} mon \\ ce \end{array} \right\}$ *courroux;*

Raſſemblons $\left.\begin{array}{c} \\ \end{array}\right\}$
Raſſemblez $\left\{ \begin{array}{c} \\ \end{array}\right.$ *contre un Infidelle*

Tout ce que peut l'amour jaloux.

ADRASTE.

Enlevez-luy l'Objet qu'il vous préfere,
Et par l'himen qui devoit nous unir . . . .

JUNON.

Laiſſe-moy, va, ſur ma colere
Repoſe-toy du ſoin de le punir.

S C E N E T R O I S I É M E.

JUNON.

TRemble des maux qu'on te prépare,
Ambitieuſe Semelé;
Je me feray connoître au coup barbare
Dont ton cœur doit être immolé.

Le plus affreux tourment va suivre ton audace ;
  Le terrible destin d'Isis ,
Le sort de Calisto, mourant des mains d'un fils,
N'égalent point encor le sort qui te menace.

Volez Zephirs , allez enlever Beroé ;
Je vais prendre ses traits pour perdre Semelé;

  Les Zephirs executent les ordres de Junon.

Cachons-nous , elle vient , son malheur me l'ameine:
  Que sa beauté redouble encor ma haine!

SCENE QUATRIÉME.

SEMELE', JUNON cachée.

SEMELE'.

A Mour , regnez en paix ; regnez , charmant Vain-
  queur.
  Mon ame à vos feux s'abandonne ;
  Lancez tous vos traits dans mon cœur ;
   La Gloire vous l'ordonne.

  Unissez-moy d'un éternel lien
   Au Dieu du Ciel & de la Terre.
Le sort de Junon même est moins beau que le mien ,
J'ay soumis à mes loix le Maître du Tonnerre.

Amour, regnez en paix ; &c.

JUNON sous la forme de Beroé, nourrice de SEMELE'.

Quoy ! Jupiter vous aime & vous me le cachiez ?
Dorine seule a vôtre confidence.
Princesse, est-ce le prix que vous me reserviez
Des soins que j'eus de vôtre enfance ?

SEMELE'.

Je craignois tes yeux pour témoins,
J'ay long-temps ignoré quelle étoit ma victoire ;
Tu m'as appris a n'aimer que la gloire,
J'aurois rougi de dementir tes soins.

JUNON

Un Dieu puissant vous rend les armes,
Meprisez desormais les soupirs des Mortels,
L'encens est le tribut que l'on doit à vos charmes ;
C'étoit trop peu d'un Trône, il vous faut des Autels.

SEMELE'.

Ma chere Beroé, que j'aime à voir ton zele !

JUNON.

Autant que vous, je ressens vos plaisirs.

SEMELE'.

Ciel ! une conqueste si belle
A passé mon espoir & même mes desirs.

JUNON.

Je ne le cele point ; cette gloire est extrême ;
Mais j'ose à peine m'en flatter.

SEMELE'.

N'en doute point, c'est Jupiter qui m'aime ?

JUNON.

Je le souhaite assez pour en douter.

SEMELE'.

Je suis témoin de sa puissance,
D'un mot il embellit les plus sauvages lieux;
Il soumet la nature, & j'ay vû tous les Dieux
Luy marquer leur obéïssance.

JUNON.

Par une trompeuse apparence,
Peut-être un Enchanteur a t'il seduit vos yeux.
Mais que fais-je? pourquoy douter de vôtre gloire?
Vôtre beauté me fait tout croire.

SEMELE'.

Tu crois tout! cependant on a pû me tromper.
Ciel! de quel coup vien-tu de me fapper?
Quelle honte pour moy! que faut-il que je pense?
Mes yeux n'auroient ils vû que des fantômes vains?
Croiray-je que les Dieux permettent aux Humains
D'imiter si bien leur puissance?

JUNON.

N'en doutez point, il est un Art misterieux
Qui sçait donner des loix aux Dieux.
Autre fois dans la Thessalie
Moy-même, j'en appris les misteres puissants.

SEMELE'.

Fay-moy voir s'il est vray, tout ce qu'on en publie.

JUNON.

Vos yeux soutiendroient-ils les Enfers menaçans?

SEMELE',

SEMELE'.

Mon doute est plus cruel, contente mon envie.

JUNON.

Je crains trop d'effrayer vos sens.

SEMELE'.

Ne me resiste point, il y va de ma vie.

JUNON.

Terrible Roy des pâles Ombres,
Vous, fleuves redoutez qui sur les rives sombres
Roulez avec horreur vos tenebreuses Eaux,
Et vous Déesses implacables,
Dont les Serpens & les flambeaux
Tourmentent les cœurs des coupables,
Repondez à mes cris; mon trouble, ma terreur
Sont l'hommage & l'encens que vous offre mon cœur.

On entend un bruit soûterrain.

Le charme est fait ; ce bruit & ces flammes terribles
Nous annoncent l'aveu de l'infernale Cour.
Venez, venez Demons, sous des formes horribles;
En un spectacle affreux transformez ce séjour.
Soleil fuy, de ces lieux, venez Sœurs inflexibles,
Et que vos seuls flambeaux y repandent le jour.

SCENE IV.

SCENE CINQUIÉME.

Le Théatre change & représente les Enfers.

JUNON, CHOEUR DE FURIES, & DE DEMONS.

CHOEUR.

ORdonne, nous t'obéïssons,
Des plus grands criminels nous suspendons les peines;
Console-nous par des loix inhumaines.
Du repos où nous les laissons.

JUNON aux FURIES.

Vous lisez dans mon cœur, comblez mon esperance ;
Montrez à Semelé jusqu'où va ma puissance.

LE CHOEUR.

Qu'un affreux ravage
Marque nos fureurs,
Et de nôtre rage
Troublons tous les cœurs,
Que l'affreuse Haine,
Les Soupçons jaloux,
La Rage inhumaine,
Le cruel Couroux,
Le Trouble & la Peine
Regnent avec nous.

D

SCENE SIXIÉME.
SEMELE', JUNON.

S E M E L E'.

C'Esse ; je ne puis plus resister à mon trouble ;
Le plus cruel soupçon est entré dans mon cœur,
A chaque instant je le sens qui redouble,
Et qui m'annonce mon malheur.

Je brûle d'éclaircir ma crainte ;
Comment sçaurai-je dés ce jour
De quel trait mon ame est atteinte,
Et si c'est Jupiter qui cause mon amour ?

J U N O N.

Exigez, qu'aux Thebains luy-même il vienne apprendre.
Un choix pour vous si glorieux ;
Qu'armé de son tonnerre il se montre à vos yeux.
Que par le Stix, il jure de descendre
Avec tout l'appareil du Souverain des Dieux ;
Tel qu'aux yeux de Junon il paroît dans les Cieux.

S E M E L E'.

Ah ! tu me rends le jour par cet avis fidelle ;
Que mille embrassemens soient le prix de ton zele.

FIN DU TROISIE'ME ACTE.

ACTE QUATRIÉME.

Le Théatre représente une Grotte.

SCENE PRÉMIERE.

MERCURE, DORINE.

MERCURE.

Ppren quel est le Dieu qui t'offre sa tendresse
Ma puissance bien-tôt va paroître à tes yeux ;
Jupiter m'a chargé de donner en ces lieux
De nouveaux Jeux à la Princesse.

DORINE.

Ce n'est donc plus Arbate que je voy ?
C'est Mercure à present qui m'offre son hommàge?

MERCURE.

Le fils de Jupiter se soumet à ta loy ;
Tu dois m'en aimer davantage.

DORINE.

Si vous êtes un Dieu, je vous en aime moins,
Ou plûtôt je romps nôtre chaîne ;
Mon cœur n'aspiroit pas à de si nobles soins,
Trop d'inegalité me gesne.

MERCURE.

Connoi mieux le lien charmant
Où le cœur d'un Dieu te convie ;
Nous aimons plus en un moment
Qu'un Mortel en toute sa vie.

DORINE.

Si vous sentez plus de tendreße,
Vous en avez plûtôt épuisé vos desirs ;
Et j'aime mieux que mes plaisirs
Soient moins grands, & durent sans ceße.

MERCURE.

De quel soupçon ton cœur est-il troublé ?
Je t'aimeray d'un amour éternelle.

DORINE.

Non, vous ne me seriez fidelle,
Qu'autant que Jupiter doit l'être à Semelé.

On sçait trop que rien ne l'arreste.
Aprés de courts plaisirs, il laiße un long ennuy.
Il va bientôt voler à quelqu'autre conqueste,
Et vous changeriez avec luy.

MERCURE.

S'il se plaît à brûler d'une flamme nouvelle,
De mon cœur par le sien, pourquoy veux-tu juger ?
Il fait son plaisir de changer,
Je fais le mien d'être fidelle.

DORINE.

Jupiter en promet autant,
Et n'en aime pas davantage :
Plus un cœur se connoît volage,
Plus il jure d'être constant.

MERCURE.

Je le vois trop, Dorine, il faut que je prévienne
Ton changement caché sous ces reproches vains.
Mon inconstance que tu crains
N'est qu'une excuse pour la tienne.

ENSEMBLE.

Vole Amour, en mon cœur lance de nouveaux feux;

Je veux prevenir $\left\{\begin{array}{c}la\\un\end{array}\right\}$ Volage.

Vole Amour, mais ne me dégage
Que pour de plus aimables nœuds.

MERCURE.

Jupiter en ces lieux vient avec la Princesse.
Par de nouveaux plaisirs, ranimons leur tendresse.
Que ce séjour se change en paisibles Hameaux.

Le Théatre change & représente un Hameau.

Vous, Bergers, accourez, venez sous ces Ormeaux
Celebrer vos ardeurs fidelles,
Mêlez à la voix de vos Belles
Le doux son de vos Chalumeaux.

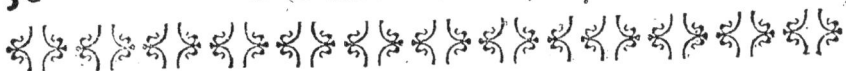

SCENE DEUXIÉME.

JUPITER, SEMELE', MERCURE,
DORINE, CHOEUR DE BERGERS
& DE BERGERES.

LES BERGERES.

Venez, tendres Bergers de ces belles retraittes.

LES BERGERS.

Venez, jeunes Beautez, dont nous suivons les loix.

LES BERGERES.

Animez nos Chansons par vos douces Musettes.

LES BERGERS.

Animez nos sons par vos voix.

JUPITER à SEMELE'.

Ces jeux repondent mal à ma grandeur suprême ;
Mais je vous la dérobe exprés en ce moment.
Jaloux d'être aimé pour moy-même,
Je vous cache le Dieu ; ne voyez que l'Amant.

Que ma gloire, belle Princesse
N'ait point de part à vôtre ardeur.
Comme moy, dans ces jeux, oubliez ma grandeur,
Et ne songez qu'à ma tendresse.

On danse.

UNE BERGERE avec LE CHOEUR.

Icy chacun s'engage
Pour ne jamais changer,
Point de Beauté volage,
Ny d'indiscret Berger,

L'Amant le plus sincere
Y sçait le mieux charmer ;
Nôtre gloire est de plaire,
Nôtre plaisir d'aimer.

Jamais ardeur legere
N'a profané ces lieux,
Qui plaît à sa Bergere
Veut luy plaire encor mieux,

De nos amours parfaites
L'ardeur croît en aimant,
On aime en ces retraites,
Pour aimer seulement.

DEUX BERGERES avec LE CHOEUR.

Amoureux Oyseaux,
Celebrez le retour de Flore,
Par vos Chants nouveaux
Reveillez nos doux Chalumeaux.

Icy les beaux jours
Deviennent plus charmants encore,
Mais sans vous, Amours,
Que faire des beaux jours ?

SEMELE',

Que nos champs font beaux !
Le Printemps y tient son Empire ;
Le doux bruit des Eaux
S'accorde aux concerts des Oyseaux.

Dans ces lieux charmants,
Tout ressent l'amour, ou l'inspire ;
Profitez Amants,
De ces heureux moments.

SCENE TROISIÉME.

JUPITER, SEMELE'.

JUPITER.

AH ! Semelé, c'est trop allarmer ma tendresse,
Au milieu de ces jeux, quelle sombre tristesse
Vous arrache encor des soupirs ?

SEMELE'.

Il le faut avoüer, le soupçon qui me presse
Empoisonne tous ces plaisirs.

JUPITER.

Qu'entends-je ! ma chere Princesse.

SEMELE'.

Ne trompez-vous point mes desirs ?
Vois-je le Souverain de toute la nature ?
N'est-ce qu'un Enchanteur paré de ce grand nom?
Ah ! je mourrois de l'imposture,
Et je meurs même du soupçon.

JUPITER.

JUPITER.

Quoy ! je ne ſçaurois donc éteindre dans vôtre ame
   Ce vain amour de la grandeur?
Ingrate, mon rang ſeul cauſe-t'il vôtre flamme?

SEMELE'.

Non, non, vous le ſçavez, Idas eût tout mon cœur.

Mais, qui s'eſt dit le Dieu que l'Univers adore,
   S'il ne l'eſt pas, eſt indigne de moy.
Cruel, je rougirois de vous aimer encore,
   Si vous aviez abuſé de ma foy.

JUPITER.

Eh ! ſur quoy ſe peut-il que vôtre cœur s'allarme?
N'ay-je pas à vos yeux ſignalé mon pouvoir?

SEMELE'.

   Tout ce que vous m'avez fait voir
   Peut n'eſtre que l'effet d'un charme.

JUPITER.

Quel ſoupçon ! juſques-là pouvez-vous m'offencer?

SEMELE'.

Plus vous le combattez, plus je ſens qu'il redouble.

JUPITER.

   Banniſſez cet injuſte trouble.

SEMELE'.

Déja ſi vous m'aimiez, vous l'auriez fait ceſſer.

JUPITER.

Je brûle de détruire un ſoupçon qui m'offence,
   Parlez, je n'attends que vos loix;
Trop heureux, ſi je puis vous prouver à la fois,
   Et mon amour & ma puiſſance !

SEMELE',
SEMELE'.

Je demanderay trop, & je crains vos refus.

JUPITER.

Ecoûtez-moy pour ne les craindre plus.

Suspend pour m'écouter tes Ondes redoutables,
Stix, ô Stix, qui deffends l'Empire de Pluton ;
De mes Serments attestez par ton nom,
Fai-moy des loix irrevocables.

Je jure de tout accorder
Aux vœux de la Beauté que j'aime ;
Et ce sera pour moy l'arrest du Destin même,
Que ce qu'elle va demander.

SEMELE'.

Eh bien, si vous m'aimez, declarez ma victoire
A mon Pere, à tous les Thebains.
Paroissez à mes yeux dans toute vôtre gloire,
Avec tout cet éclat, interdit aux Humains.
Qu'à moy, tel qu'à Junon, Jupiter se presente ;
Qu'aux honneurs de l'Epouse il éleve l'Amante.

JUPITER.

Ciel ! que demandez-vous ! qu'ay-je promis ! helas !
Mon amour m'a-t'il fait jurer vôtre trépas !

SEMELE'.

Ce que j'ay demandé paſſe vôtre puiſſance ;
Ce trouble me le fait trop voir.

JUPITER.

Ah ! je tremblerois moins avec moins de pouvoir,
Ne me faites point violence,
Au nom de nôtre amour, formez d'autres deſirs.

SEMELE'.

Non je n'en croiray point ces perfides ſoupirs.
Faites briller icy la grandeur ſouveraine
Qui doit juſtifier mon cœur ;
Mais ſi mon eſperance eſt vaine,
Je ne vois plus en vous qu'un barbare impoſteur
A qui je dois toute ma haine.

JUPITER.

O Deſtin, ſauve-là de ſa propre fureur.

SCENE QUATRIÉME.

JUPITER.

FAut-il voir perir ce que j'aime !
O fort ! impitoyable fort !
Quoy ! pour miniftre de fa mort,
As-tu choifi fon Amant même ?

C'eft donc trop peu que tes rigueurs,
A ton gré defolent la Terre ?
Tu répands dans les Cieux le trouble & les douleurs;
Des yeux de Jupiter, tu fais couler des pleurs !
Sort cruel, dans mes mains, n'às-tu mis le Tonnerre,
Que pour fervir à mes malheurs ?

Faut-il voir perir ce que j'aime !
O fort ! impitoyable fort !
Quoy ! pour miniftre de fa mort,
As-tu choifi fon Amant même ?

FIN DU QUATRIE'ME ACTE.

ACTE CINQUIÉME.

Le Théatre repréfente le Palais de CADMUS.

SCENE PREMIERE.

SEMELE'.

Defcendez, cher Amant, quittez les Cieux
    pour moy ;
Venez, venez joüir de l'ardeur qui m'anime.
Tout l'Univers vous rend un refpect legitime,
Un fentiment plus doux me tient fous vôtre loy.
Defcendez, cher Amant, quittez les Cieux pour moy ;
Venez, venez joüir de l'ardeur qui m'anime.

      Si j'ay foupçonné vôtre foy,
Pardonnez à l'Amour ; luy feul a fait le crime.
Defcendez, cher Amant, quittez les Cieux pour moy;
Venez, venez joüir de l'ardeur qui m'anime.

SCENE DEUXIÉME.

ADRASTE, SEMELE.

ADRASTE, sans voir SEMELE'.

C'En est donc fait! Mercure est venu l'annoncer.
Ces lieux de mon Rival attendent la presence!
Que t'a servy Junon de menacer?
Ta Rivalle triomphe & brave ta vangeance.

SEMELE'.

Faut-il qu'Adraste seul de ma gloire s'offence?

ADRASTE.

Vous triomphez, Cruelle, & le sort a comblé
Vôtre esperance ambitieuse.

SEMELE'.

Je serois encor plus heureuse,
Si vous en estiez moins troublé.

ADRASTE.

Ne croyez pas que je me flatte
De mêler quelque trouble à vos heureux desirs:
Mes maux & mon trépas, Ingratte,
Mettront le comble à vos plaisirs.

Toy Barbare Tyran, dont la flamme m'outrage,
Qui te plais à troubler le bonheur des Mortels,
   Je voudrois pouvoir dans ma rage
Détruire tes honneurs, renverfer tes Autels.

   Que ne puis-je forcer la terre
   D'enfanter des Geants nouveaux,
Qui jufques dans les Cieux t'arrachent ton Tonnerre,
   Et te puniffent de nos maux!

SEMELE'.

Vous cherchez un affreux fupplice ;
Je fremis de vôtre danger.

ADRASTE.

Que ne puis-je affez l'outrager,
Pour meriter qu'il m'en puniffe!

SCENE TROISIE'ME.

CADMUS, ADRASTE, SEMELE',
Troupe de THEBAINS & de THEBAINES.

CADMUS à ADRASTE.

LE Souverain des Rois en ces lieux va descendre,
J'ignore quel dessein l'ameine parmy nous.
Mais il n'est point de bien que je n'ose en attendre ;
  Trop heureux qu'il veüille deffendre
Un Trône qu'aujourd'huy je partage avec vous.

ADRASTE.
Goûtez les biens qu'icy sa faveur va repandre.
à part.
Mais, sur moy Dieu Barbare, épuise ton courroux.

CADMUS.
  Qu'à mon zele icy tout reponde :
Que vos voix, que vos chants penétrent jusqu'aux
  Cieux,
    Et rendez, s'il se peut, ces lieux
    Dignes du Souverain du monde.

CHOEUR.
Protege, Dieu Puissant, un Peuple qui t'implore,
Qu'il regne, qu'il commande à l'Univers jaloux,
Qu'il étende ses loix du Couchant à l'Aurore,
Et sur ses Ennemis fai tonner ton courroux.
On Danse.

CADMUS

CADMUS & SEMELE'.

Defcendez., Dieu Puiſſant., comblez. nôtre eſperance,
Faites regner icy la Victoire, ou la Paix ;
Et ny faites jamais
Sentir vôtre puiſſance,
Que par vos plus rares bienfaits.

On entend un tremblement de terre.

LE CHOEUR.

Ciel ! quel bruit ſoûterrain ! quel affreux tremblement!

SEMELE'.

Peuples, raſſûrez.-vous, Jupiter va paroître ;
Déja par ce fremiſſement
La terre reconnoît ſon maître.

Les Tonneres & les Eclairs ſuccédent au tremblement
& embraſent le Théatre.

CADMUS & LE CHOEUR.

Quels éclairs menaçans ! quels terribles éclats !
La foudre gronde , l'air s'allume.
Dieu redoutable , ah ! ne paroiſſez. pas ;
Vôtre préſence nous conſume.

Tout fuit & ſe derobe à l'incendie.

SCENE QUATRIÉME.

SEMELE', ADRASTE, JUPITER
caché dans des Nuages de feu.

ADRASTE.

QU'attendez-vous icy ? qui peut vous secourir ?
Ah ! Princeße, fuyez, s'il en eſt temps encore ;
Fuyez, au feu qui me devore,
Je ſens que vous allez perir.

SEMELE'.

En vain la flamme devorante
Exerce ſur moy ſon pouvoir ;
Aux yeux de Jupiter, je periray contente,
Et je ne crains encor que de ne le pas voir.

ADRASTE.

Evitez une mort cruelle ,
Je ſens à chaque inſtant s'accroître ces ardeurs.

SEMELE'.

Puis-je craindre une mort ſi belle ?
JUPITER paroît.

SEMELE' & ADRASTE.

Ah ! je vois Jupiter, je meurs.

On emporte ADRASTE mourant, & SEMELE'
tombe ſur un Siege.

JUPITER.

Vivez, Princeße trop charmante.
Ma puißance pour vous a moderé ces feux.

SEMELE'.

Il n'eſt plus temps, vous me voyez mourante,
Je deſcends pour jamais ſur les bords tenebreux.

Je vois les Parques inflexibles
Qui tranchent le fil de mes jours.
Qu'à mes yeux, cher Amant, les Enfers ſont terribles!
Ils nous ſeparent pour toûjours.

JUPITER.

Non, les Enfers n'ont point de droit ſur ce que j'aime,
Volez, Zephirs, volez, portez-là dans les cieux ;
Qu'elle y partage, aux yeux de Junon même,
L'éternelle gloire des Dieux.

On enleve JUPITER & SEMELE', tandis qu'une
pluye de feu acheve de détruire le Palais
de CADMUS.

FIN DU CINQUIE'ME ET DERNIER ACTE.

APROBATION.

J'ay lû par l'ordre de Monſeigneur le Chancelier, SE'ME'LE',
Tragedie, & je n'y ay rien trouvé qui ne puiſſe en rendre l'impreſ-
ſion agréable au Public. Fait à Paris ce 15. Mars 1709. DANCHET.

PRIVILEGE GENERAL.

LOUIS PAR LA GRACE DE DIEU, ROY DE FRANCE ET DE NAVARRE: à nos amez & feaux Conseillers, les Gens tenant nos Cours de Parlement, Maîtres des Requêtes ordinaires de nôtre Hôtel, Grand Conseil, Prévôt de Paris, Baillifs, Senéchaux, leurs Lieutenans Civils, & à tous autres nos Justiciers qu'il appartiendra; SALUT: Nôtre bien amé le Sieur JEAN NICOLAS DE FRANCINI, l'un de nos Conseillers, Maître d'Hôtel ordinaire, interessé conjointement avec le Sieur HYACINTHE DE GAUREAULT Sieur DE DUMONT, l'un de nos Ecuyers ordinaires, & de nôtre tres-cher & bien amé Fils le Dauphin, au Privilege que nous leur avons accordé, pour l'Academie Royale de Musique, par nos Lettres Patentes du 30. Decembre 1698. Nous ayant fait remontrer qu'il desiroit donner au public un RECUEIL GENERAL DES OPERA, REPRESENTEZ PAR L'ACADEMIE ROYALE DE MUSIQUE, DEPUIS SON ETABLISSEMENT, ET QUI SERONT REPRESENTEZ CY-APRE'S, s'il nous plaisoit luy accorder nos Lettres de Privilege sur ce necessaires, attendu les grandes dépenses qu'il convient faire, tant pour l'Impression que pour la Gravure en Taille-douce des Planches dont ce Livre sera orné. Nous avons permis & permettons par ces presentes audit Sr DE FRANCINI, de faire imprimer ledit RECUEIL par tel Imprimeur, & en telle forme, marge, caractere que bon luy semblera, en un ou plusieurs Volumes, conjointement ou separément, & de le faire vendre & distribuer dans tout nôtre Royaume, pendant le temps de six années consecutives, à compter du jour de la datte des présentes. FAISONS DEFENSES à tous Imprimeurs, Libraires, & à tous autres de quelque qualité & condition qu'ils puissent être, de contrefaire ledit RECUEIL en tout, ni en partie; ni même les Planches & Figures qui l'accompagnent, & d'en faire venir ni vendre d'impression étrangere, sans le consentement par écrit de l'Exposant, ou de ceux à qui il aura transporté son Droit, à peine de trois mille livres d'amende contre chacun des contrevenans; dont un tiers à l'Hôtel-Dieu de Paris, un tiers à l'Exposant, & l'autre au Dénonciateur, de confiscation des Exemplaires contrefaits, que Nous voulons être saisies par tout où ils se trouveront, & de tous dépens, dommages & interests: à la charge que ces présentes seront regiftrées és Regiftres de la Communauté des Imprimeurs & Libraires de Paris, que l'impression desdits Opera, sera faite dans nôtre Royaume, & non ailleurs, & ce en bon Papier & en beau Caractere conformement aux Reglemens de la Librairie, & qu'avant que de l'exposer en vente, il en sera mis deux Exemplaires dans nôtre Bibliotheque publique, un dans le Cabinet des Livres de nôtre Château du Louvre, & un dans celle de nôtre tres-cher & feal Chevalier Chancellier de France le Sieur Phelypeaux, Comte de Pontchartrain, Commandeur de nos Ordres; le tout à peine de nullité des présentes: du contenu desquelles, nous vous mandons & enjoignons de faire joüir l'Exposant, ou ses ayants cause pleinement & paisiblement, sans souffrir qu'il leur soit fait aucun trouble ou empêchement. Voulons que la copie de ces présentes, qui sera imprimée, dans ledit Livre, soit tenuë pour bien & duëment signifiée, & qu'aux copies collationnées, par l'un de nos amez & feaux Conseillers-Secretaires, foy soit ajoûtée comme à l'Original. COMMANDONS au premier nôtre Huissier ou Sergent sur ce requis, de faire pour l'exécution des présentes, tous Actes requis & necessaires, sans demander autre permission, nonobstant Clameur de Haro, Charte Normande, & Lettres à ce contraires: CAR tel est nôtre plaisir. DONNE' à Versailles le dix'éme jour de Juin, l'An de grace 1703. Et de nôtre Regne, le soixante-uniéme. Par le ROY, en son Conseil. Signé, LE COMTE, avec Paraphe, & scellé.

Ledit Sieur DE FRANCINI a fourny le present Privilege à *Christophe Ballard*, seul Imprimeur du Roy pour la Musique, pour en joüir en son lieu & place, suivant leurs conventions.

Regiftré sur le Livre de la Communauté des Imprimeurs & Libraires, conformément aux Reglemens, A Paris le 11. Juin 1703. Signé TRABOUILLET, Syndic.

www.ingramcontent.com/pod-product-compliance
Lightning Source LLC
LaVergne TN
LVHW022159080426
835511LV00008B/1464